李玉著

石荃詩集

凡尼題字

文

文史哲出版社印行

國家圖書館出版品預行編目資料

履塵詩集 / 李玉著. -- 初版. -- 臺北市：文史哲,
民: 90
面 ; 公分. -- (文史哲詩叢 ; 44)
ISBN 957-549-393-1 (平裝)

851.486 90018246

文史哲詩叢 ㊹

履塵詩集

著 者：李 玉
出版者：文 史 哲 出 版 社
登記證字號：行政院新聞局版臺業字五三三七號
發行人：彭 正 雄
發行所：文 史 哲 出 版 社
印刷者：文 史 哲 出 版 社
臺北市羅斯福路一段七十二巷四號
郵政劃撥帳號：一六一八〇一七五
電話 886-2-23511028・傳真 886-2-23965656

實價新臺幣二二〇元

中 華 民 國 九 十 年 十 月 初 版

ISBN 957-549-393-1

「履塵」非塵——序 李玉的《履塵》

李冰

用古典的槳　攪碎
一湖唐詩
一湖八怪山水
一湖心醉
肥了風景
飽了眼福
瘦了西湖

詩，是靠意象綴織境界，傳達它的美感。讀了李玉這首「**瘦西湖**」，真的感到意象對詩創作的重要性，也感佩作者在詩創作上已深具功力。

看外貌，李玉是個不拘小節大而化之的人，沒想到他卻有一顆思維細膩的愛心，一枝詩情濃郁的筆，他寫詩、寫散文、也創作小說，他的攝影鏡頭更鐫下太多名山勝水的畫面，鉅細靡遺，令人欽羨。

李玉繼他的《**心弦詩集**》詩集後，又榮獲高雄市文化基金會獎助出版第二部詩集《**履塵**》，也許因係同宗關係向我索序。近年來，我筆下此類文字頗多，因此有朋友取笑説：「**李冰，你變成寫序文的專家了！**」，此雖非惡意，卻多少帶點我賣弄文字強出頭的味道。有啥辦法？我最大的缺點就是對人所求不會説「**不**」字，尤其我的學生和知友出書，又豈能吝嗇這點筆墨，就這樣惹得大家看膩了。如今李玉又找上門來，我還是把自己工作丢在一邊，讓大家再摇次頭吧！

《**履塵**》是李玉的第二部詩集，全集共收入八十首作品，在編輯上分《**履塵篇**》及《**感懷篇**》二輯。

「**履塵篇**」：此輯收入「**倫敦逛街**」等四十首作品，是作者旅遊西歐、東南亞及大陸的風光記錄，在這些作品中，有國內國外喜悦的綺麗風光，也有觸景生情的沈痛和感觸。詩人的心靈是敏感的，感情是真摯的，看到什麼就會聯想到什麼，心意情感始終在第一時空與第二時空之間徘徊。也就是在此種境界中，情由境生，感悟出筆下詩情詩意，白居易有云：「**感人之心者，莫兄弟情。**」荀子也説：「**情之至也，文未有不至也。**」基於此，每首詩作品都是發乎情，至其心，因心動而凝情感為詩，例如作者在大英博物館內，看到那些原根植中華的文物，想到當初弱肉強食被掠劫羞辱的沈痛！在法國巴黎看到羅浮宮的「蒙娜麗莎的微笑」，想到藝生命的輝煌與永恒；舟過萊茵河上，看到中世紀遺跡的古堡，以及羅蕾萊巖石上的那些掠奪者與仙女的軼事．．．。在大陸的長江畔，想到「**淘盡千古的風流人物**」；在桂林山水中，想到百里潑墨的錦繡河山．．．。這些在不同時空出現的畫面，在作者經驗的過濾下，都在筆下詠出摯意的真情，有者悅目悅心，有者痛心疾首，這些真情的感動，作者都做到了。

「感懷篇」中，共包括「探親行」等四十首詩，這輯作品多為作者在生活體驗中之所見所聞所思，亦由情感意象的衝動而成詩，仍屬於思想主導方面。

思想常關係著詩的生命取向，一首詩就是一個生命，為增加詩的價值觀，讀者所需要的思想是健康的、光明的、積極的，因為生命除物質生活外，還需要豐富的精神生活，需要美化的思想情操，我不希望詩是文學以外的工具，但亦不要為寫詩而寫詩。我們欣賞李玉的詩，都有其健康的感染力、不是說教、不是八股、不同畫面，呈現其不同感動，鏗鏘有聲者，撩人低迴者，都有它自然的主題，例如寫「文房四寶」中的「筆」。

「半尺細竹／一撮狼毫／龍飛鳳舞／橫掃千軍／鋒芒如刃」。

這首詩雖詩意清淡，但氣勢迫人。我們再看他柔的一面：「探親行」：

「烽火熄了／彈雨也歇了／．．．遊子／揹一身辛酸揣滿懷情怯／．．．叫醒石化了的舊夢／抖落累積如丘的思念／．．．只聽得／回來就好／莫哭！」

這喜哀拼的情緒，沒經驗過作者生活的人，無法領悟其個中況味，但讀來能不撩人低迴？本輯中，亦大多為由形象轉化為意象的作品；如「開門七帖」、「文房四寶」、「蝸牛」、「路燈」等，都轉化得相當和諧而順理成章，表達出深邃的美感。

《履塵》的出版，已為文化基金會評審委員們的肯定，相信讀者也會肯定它、喜歡它。

自序

「**智者樂水，仁者樂山**」。我非智者，更非仁者，卻酷愛山與水，而且是一個對山水很貪婪的人，當游目千山，騁懷萬水，揣滿行囊之外，並將它化剎那為永恆攝入鏡頭，歸來放映，泡上一壺茶，慢慢地品啜回味，美麗的山水，的確能止濁揚清，變化氣質，天上人間，昇華生命。但當踩在曾經欺凌我民族的西方列強時，觸景生情，如倫敦大英博物館內諸多竊取豪奪的珍藏，能不興起八國聯軍火燒圓明園的情景；日本的靖國神社必想到八年抗戰屍骨遍野有如堆山及血流成河的民族慘痛。但年輕的朋友，便沒有如此的感受，因為他們沒有痛過、哭過吧！

我愛寫詩，我認為詩在此e時代，除了專業學術性的論文以外，人們很少有耐心有閒情去閱讀長篇大論文藝的東西！詩是符合時代要求，但要寫首短而雋永的小詩，的確不易，因為詩，是文字的精選提煉後的精粹，著者才疏學淺，柴不豐，火不旺，爐不深，豈能煉出膾炙人口的好詩？只是垂老之年，擁抱年少時的一份喜愛，一個七十年來未醒的作者夢罷了。假如您以詩人的眼光來讀《履塵》，準會失望，它只不過是一縷履塵，剎那飄忽而逝，但願在你的心湖能獲得剎那的激盪。

感懷篇選錄四十首，盡是身旁一些小事以及生活上對事物的體念與微悟。譬如到籠中啼叫的眉鳥，養鳥人認為牠是在唱歌，來換取一生免費的吃和住，我直覺地感到牠是無罪受冤的囚犯，是在大喊：我沒有罪！還我自由！諸如此類負面感懷，大概是老年人悲天的情懷吧！評審老師對本篇給了很高的同情評價，讓個人受寵若驚！

結集出書，對一個作者來說，雖然是第四次了，但好比母親生產，不管多少次痛苦之後，總是興奮而喜悅的，那怕是個癩痢頭。在此得感謝李冰老師，一而再，再而三的在百忙中盡心盡力地為我寫序，字裡行間，充滿了師友的溫馨教誨鼓勵與期許。還有凡尼精心遒逸而灑脫的題字，為一張老邁蒼桑的臉擦脂抹粉，讓《**履塵**》得以光鮮的面貌問世！衷心地除了感謝還是感謝！

在後面錄入華中師大教授張永健先生寫給我的一首詩。華中師大碩士研究生王泉先生所撰「**自然之子的顫顫心弦**」。暨國立高雄海洋學院教授黃吉村先生的「**評李玉四季組曲**」五篇，是首著『**心弦詩集**』的詩評，諸多的鼓勵，彌足珍貴，還有文曉村老師對首著「**心弦詩集**」諸多指正與鼓勵來函暨大陸咸寧師範高等專科學校中文系教授張芳彥「**詩人與海**」的詩評，因「**心弦詩集**」再版無期，特收錄於《**履塵**》而存念，以免散失。

最後；得謝謝芬兒、政兒、德兒在繁忙中，分心為《**履塵**》繕打編排校對，得以順利付梓，還感謝老伴暨一家大小的支持，並一同分享這份喜悅。

感謝主！賜給我智慧與毅力，文思不徹，寫作不輟，並排除一切阻礙困難，並得高雄市文化基金會的獎助《履塵》而順利問世，榮耀歸主！

《履塵》目錄

《履塵篇》

《感懷篇》

附錄：

履塵篇

游目千山
騁懷萬水
回首
履下縷縷塵煙
已在心湖沉澱
卻在夢中蕩漾履塵篇

(一)倫敦逛街

窄窄的街道
洶湧著歷史的長河
一間間的換心人(註)
披著歷史的風衣
對著不再的風光在嘆息
一位佝僂的紳士
撐著黑雨傘
拄著杖
蹣跚在料峭的風雨中
街燈輝煌了他的身影
他還不知日已落

◎英國倫敦街道的門面不可改變，但內部可拆掉重建。

㈡ 大英博物館

舉世聞名的大英博物館
它是世界最大的藏贓場
豐富的藝術文物
無一不是巧取掠奪而來的世界珍藏
中國多少石彫的人頭被砍
多少文物不知去向
雖九七撕掉了香港最後一頁恥辱
但中華兒女有權要求
“還我頭來！！”
莫讓它永遠哭泣流亂

(三) 歐洲之星

歐洲之星
是一顆飛速的子彈
穿透英吉利海峽
彈著巴黎
從此沒有了藩籬
似一條賁張的血管
將歐洲連成一體
法國人似乎並不滿意
因為起點是滑鐵盧
射手是威靈頓
百年來的傷痛迄今未息

㈣ 布魯塞爾的馬蹄聲

陳舊的街屋
坎坷的道路
馬車上坐著滄桑
車伕揚起那條長長的時光
不停地吆喝
得得的馬蹄聲伴著響鼻
清脆地迴響在狹巷
叫光觀客趕快讓開
布魯塞爾的歷史老人
要去市政廣場
啜咖啡晒太陽

㊄ 羅浮宮

羅浮宮
近千年的匯集
已成藝術的海洋
收藏鉅細靡遺
藝品包羅萬象
斷臂的維納斯
無頭的勝利女神
蒙娜麗莎微笑的眼光
我雖不諳藝術但深感
生命因藝術而不朽
藝術卻因生命而輝煌

註：羅浮宮三寶—維納斯、勝利女神、蒙娜麗莎的微笑。

㊅ 紅磨坊

巴黎著名的紅磨坊
將七彩幻化的燈光
編成一張迷網
如酒的音樂
浸泡尊尊上帝的傑作
被凌厲的眼光
剝得一身袒蕩
左扭右擺
如痴如狂

但見藝術輕紗飄處
虛掩著色情狂放

㈦ 萊茵河畔

我徜徉德境的萊茵河畔
放眼一片山明水秀
讓我感慨良多
江水悠悠
流來多少繁榮
流走多少顯赫
古堡在山巔訴說
嘴啃羅萊岩的豬腳
心繫萬巒淡水河
何時萬巒如羅蕾萊
何時淡水河如萊茵河

㊇ 星加坡印象

美麗怡人的花園城啊
它是花木的故鄉
它是整潔的櫥窗
地上沒有垃圾
牆上沒有廣告
窗上沒有鐵窗
屋頂沒有違章
它是法家的示範教室
它是中國人同感慚愧的地方
在此—
法律陪著民主散步
自由戴著法律皇冠
法律終年沒有休假
公權力始終高高在上

它趁著時代的飛快車
奔跑在潮流的前端
獨立僅僅三十年
卻登上亞洲四小龍榜
它沒有天然資源
全憑三百萬人一心的力量
沒有五千年的歷史文明
但在資政李光耀身上
卻找到中國流亡久遠的堯舜禹湯
以不戀棧權位
在國人心中塑造崇高的形像

㊈ 三保山

——寫於馬來西亞麻六甲——

一片翠綠山崗
埋著一萬二千位大明兒郎
埋著一萬二千個破滅的夢想
模糊的碑文
已拱的墳墓
支撐不住五百年風霜
離鄉背井
期望衣錦還鄉
壯志隨歲月終老
葉落飄零異鄉
獨留孤寂青塚
向著呼嘯海洋
山腳下終年車水馬龍
卻載不走滿山的悲愴

㈩ 一座橋

一座橋
展示在美國的猶他那州
一如杭州張繼夜泊的楓橋
一如碧潭臥波的長橋
設計建造師
是風神那雙柔柔的手
它是一位完美主義者
億萬年來仍不停地潤飾彫鑿
歲月悠悠
橋下沒有水流
橋上無人走過
只有滄桑與旅人驚嘆的眼眸
偶而在橋上擦身而過

◎兩座橋係岩石億萬年風化所成，實為壯觀。

㊁ 長江

我夢中的長江
山巒聳翠　綠波浩蕩
我今天看到的長江　卻是
滿山癩痢　一江濁黃
莫非是吸吮了太多母親黃河的奶水
還是抱怨聰明人濫墾濫伐的荒唐
你雖淘盡千古風流人物
但誰又能　淘盡妳滿懷文明的絕望

(十二) 登黃鶴樓

樓撐著一篙古色
插在長江畔
登樓放眼　只見
一樓浩瀚江水
一樓悠悠雲天
一樓古今詩人
一樓名句佳聯
黃鶴已叼筆飛逝
深恐現代詩人登樓胡言

(十三) 訪荊州

啊！曾在三國演義中讀過　荊州
經常在人們嘴中大意地失過
關二爺竟將它丟了
一次的失敗
抹了一生的羞愧
算了吧！事過境遷
何況是借來的呢？
不要再紅著臉讀春秋了啦！
放眼今朝
古月照城
荊州依舊
誰得？誰失？
誰對？誰錯？

㈩四 桂林歸來

（一） 桂林

百里潑墨山水
百里天然畫廊
如夢似幻
人間天上

（二） 桂林人

風雅的桂林人
終日焚畫煑詩
讓李白爛醉
也讓神山嫉妒

（三） 灕江風情

灕江在山中
峰影在江中
漁舟在影中
詩人在夢中

（四） 桂林印象

你能想到的山水
桂林都有
你想不到的山水
桂林更多

㈤ 參觀日軍侵華南京大屠殺紀念館

全民用八年顛沛流離
彩繪一幅堅苦卓絕
日軍用卅萬顆善良的人頭
砌一座中華民族悲慟長城
半世紀風霜
骨已枯
罪已恕
武士刀已蝕
劊子手已忘
但民族仍痛！

㈩六 棲霞寺

古寺
棲滿千佛
棲滿彩霞
棲滿楓紅
棲滿乾隆的詩
棲滿遊客的腳印
人心卻無處掛單

◎棲霞古寺後山即千佛洞，乾隆在此題詩百餘首。

㊄ 雨中謁陵

滿懷身為黨員的愧疚
肅進博愛之門
面對墓碑　默唸
「中國國民黨葬　總理孫先生於此」
仰望迤邐陡峭陵道
正如革命成功之艱難
天下為公　三民主義
在細雨中朦朧
陣陣涼風
但願能吹開炎熱的權位大門
再以海峽和平祭陵

⑯ 夜遊秦淮河

十里秦淮
流盡六朝金粉
八大名妓
淘盡名士風流
朱雀橋斑駁桑滄
王謝豪宅依舊
只是紫燕已飛
香君艷居霓虹高照
不知她今宵情歸何處
但一河鉛華仍在招搖

㈩九 瘦西湖

風雅的舟子
用古典的槳、攪碎
一湖唐詩
一湖八怪山水
一湖心醉
肥了風景
飽了眼福
瘦了西湖

㊁ 孤山

山不在高
能孤則名
孤山何孤
宋林甫曾在山結廬
種梅妻
養鶴子
繪一幅孤傲山水
掛在西湖
讓人間欣賞
讓天上嫉妒

㈢ 靈隱寺

濟巔和尚
揹著酒葫蘆
不知去何方打酒未歸
留下一寺古老傳說
一直在歲月中沸騰
一泓冷泉娓娓
流淌動聽神話
讓飛來峰樂不思竺

◎傳說中寺前的飛來峰是從天竺飛來。

㊂ 岳王廟

岳母用針
血淋淋地把「精忠報國」四字
刺在岳飛的背上
趙構把昏刻在秦檜的心上
秦檜用一生的奸
把岳的忠寫在千古流芳裡
岳飛用落的頭顱蘸血
灑成一闕一滿江紅
廟是一首浩然正氣

㊂ 故宮

紅墻黃瓦
雕樑畫棟
戲台九千九百九十九間上演著—
嬪妃的爭寵
白頭宮女的哀怨
皇子皇孫的奪位
太監們別具用心的佞諂
奸臣的弔詭
忠臣的死諫
皇上登基的風光
下台時的狼狽黯然
數不清成王敗寇的嘴臉
重復演出幾千年
終於由溥儀灑淚封箱　拉下幕簾

人故宮故　一片荒煙
於茲又近百年
可愛的傻子啊
請不必為錯失觀賞而悵然
當你遊罷出宮
可聽到鑼鼓鏘鏘
掌聲連天
整齣仍在繼續上演
只是換了地點

(四) 重履蘆溝橋

暮色中
重履蘆溝橋上
橋面改了一半
歷史忘了一半
一橋的血淚悲壯
鋪成平坦的改革開放
讓遊人買票進入徜徉
儘在欣賞石獅
無人願踩滄桑
留半頁原來的坎坷
讓悲慟的歷史過往
坎坷中不乾的血淚
永遠淌在中華民族的心房
只有悲沒有歡

它已成一座歷史
不再是橋樑
詩情的「蘆溝曉月」
只是一首人間的悲愴

㈤ 頤和園

我蹈入頤和園
一陣微風拂面
卻掀開民族傷痛百年
湖光瀲灩
盪漾著苦澀無伸的民怨
古色古香的亭台樓閣
坐滿阿諛無能的鄉愿
湖畔漫長曲折的迴廊
卻是通往送葬大清的大道
乘風破浪保衛海疆的戰艦
建成湖畔飲酒作樂的漢玉畫航
每座匠心獨運的小橋
過去的是無恥的風雅
過來的是侵略的列強

岸邊拂水垂楊
好似李鴻章的那枝毛筆
簽了一湖的割地賠償
一園如畫美景
盡是民族曾經的悲傷

㈥ 黃土高原

今生有幸乘坐莽莽巨龍
在黃土高原奔騰
激情　興奮
不禁伏地親吻
身體竟消失不見
雖
半世紀海水漂染
半世紀的海風吹拂
只因膚色執著依然—

◎一九九七年八月十二日於北京檢察日報聯誼會中朗誦

㉗ 乾陵前的翁仲

文臣武將
分列兩旁
個個道貌岸然
個個盡忠職守的模樣
在滄桑中守住什麼？
高宗李治呢？
武皇帝則天呢？
大唐江山呢？
個個無語問天
僅用自己一身斑剝
向世人訴說—
一千七百年的過眼雲煙

(六) 乾陵的無字碑

那天頂著烈日
淌著汗水
從壯觀的墓道
踱到方形的無字碑前
仰頭細察碑的四面
除了碑頭的龍鳳飾紋
碑面果然是空白一片
不禁疑問
既然無字何需立碑
查攷歷史方能理解
這是立碑人表現最高的智慧
且看高宗的優柔寡斷引狼入室
招致武則天的淫穢無恥
殘殺忠臣宗室改國號周

造成大唐近三十年的浩劫
雖說蓋棺論定
但李隆基不虛妄歌功頌德
馬嵬坡事件也令他心冷意灰
空碑可能是他痛苦的告白
是非自有公論
何需他來置喙
且留下這座空碑
如車站的留言板
讓古往今來—
面對乾陵的主人
你有什麼話儘管寫！

㉙ 瀋陽市政府前的頑石

別錯看幾塊黝黑的頑石
它曾是人們渴羨的明星
因為夜夜受不了詩人浪漫的激情
聽煩了情人虛偽的誓言
甘願接受太空焚身的考驗
一心脫盡虛華
返璞歸真

㊂ 兵馬俑

一羣曾奮戰六國的精兵
仍然緊握刀槍
仍然握緊韁繩
忠誠的為始皇守陵
一晃兩千餘年
而今一身塵土歲月
盔甲色彩褪盡
如大夢初醒
目睹現代文明
面對不盡讚嘆
忘了自己的姓名
卻不忘保持當年莊嚴的表情

㈢ 敦煌月牙泉

溯風撥弄午夜遊子的情潮
沙山埋葬了多少征人不歸的鄉愁
半邊淒美的上弦月
竟掉落在鳴沙山腳
它非故意諷刺
而是有意讓人錯愕
原來這一泉千年不涸的奇觀
竟是西去陽關的征人
歲歲年年流不乾的眼淚
北風蕭蕭　沙山依舊
征人啊　除了眼淚
除了歲月的冷漠　還留下什麼？

㈢ 敦煌鳴沙山

草原　給了呼倫貝爾　森林　給了興安嶺
桃紅柳綠　給了江南　奇松奇石　給了黃山
四季　又給了淒涼
僅留下漫山遍野模糊的腳印
駱駝踩碎遊人驚嘆的眼光
歲歲年年還自得其樂地吟唱
一粒沙　一份捨
一粒沙　一份悲
貪婪的凡夫聽不懂　悠悠的歲月數不清
任由北風無情地嘲笑　一山無私得愚蠢

◎據說：人乘沙流，有鼓角之聲，輕如絲竹，重若雷鳴。故稱「沙嶺晴鳴」。

㊂ 敦煌莫高窟

當年樂樽和尚
只是想讓從絲路來的佛佗
偶而在此打尖歇腳
窮年累月
一鏟一鑿
一座冷漠沙山
鑿成人們今世來生的寄託
一千六百年歲月在風沙中溜走
諸佛無語
佛佗還是一臉不變的微笑
臥佛依然高臥
不管身上的滄桑蓋得多厚
堆滿四百九十二窟的祈願
仍不動地握在柔若無骨的佛手

六十里長的彩繪
兩千四百尊栩栩如生的泥塑
滙成一條不朽的藝術長河
流走了梵音繚繞
只聽得遊客粗俗地讚美
香普神飛天姿態的美妙

㈣ 隴西溯源

我屏息躡足
輕履隴西戈壁
悻悻地抓一把沙緊握
溫溫的慢慢地溜掉
如觸到祖先的體溫脈博
遠處一歲月老人漢代烽台在笑
它卻忘了我們的祖先曾經踩過
有他們的血
有他們的淚
沙可能是他們衣上抖落

放眼戈壁渺渺—
幾叢駱駝刺
飽足了任重道遠的駱駝

祖先千里南遷時
只是一扇風沙包裹的艱苦卓絶
臨行頻頻回眸
難捨這片曾經廝守的荒漠
還不忘將「隴西」二字帶走
正如滔滔長江
雖千萬年不停的奔流
仍不忘巴顏克喇山是它的源頭

◎按李氏的堂號係為隴西

㉟ 拜訪烏魯木齊

我們習慣的子夜
卻是此地的初夜
烏魯的萬家燈火中
大海洋的詩友們
拜訪　烏魯的木齊
烏魯的文友
烏魯的熱情
烏魯的街景
烏魯的氣氛
但願兩天烏魯的洗禮
我心烏魯
我詩烏魯

◎（一九九九年八月十六日海峽兩岸詩人學者在新疆師範大學舉行座談時即席寫作並朗誦。「烏魯木齊」蒙語「美麗的牧場」之意。）

(三六) 風發領航

——寫給 中國新文學學會第十六屆學術年會開幕式中朗誦詩——

從封閉走到開放
我們度過了血溶於水

我們乘著詩葉　萬里翱翔
飄落在夢中嚮往的地方
驚見　大草原如綠色大海洋
大草原啊　澎湃著肥壯的牛羊
大海洋啊　洶湧著激情的詩浪
大海洋啊　開闊了我們的胸懷
大草原啊　孕育出多少英雄豪壯

今天
八方聚集　意氣高昂

不擇細流　萬川歸向
因為此地　曾寫下
中華歷史最雄偉的一章
我們將以民族的驕傲
點燃　五千年文明璀璨的燈光
讓我們　以新文學的利筆
重寫成吉斯汗的輝煌
讓我們獻出奔放熱情
把世界文化的舞台照亮
新世紀的文學啊
且看我們中國人的風發領航

◎一九九九年八月九日于內蒙海拉爾

㊂㊆ 鵝鑾鼻燈塔

一位聖潔的母親
一顆百年不變的慈心
無論風雨
高高地擎一盞燈
徹夜眼神叮嚀
生怕粗心的浪子
找不到家門

㈥ 阿里山神木睡了

三千年歷史虛空一段
三千年歲月如春夢一場
三千年逸羣英雄
三千瀟灑狂放
滿身的崇高的讚美
滿身的敬仰眼光
無情的滄桑
終於指揮雷雨電鋸快門感嘆
混奏一曲暮景淒涼
悲壯地倒下睡成一尊英雄臥像
典藏在天老地荒
人心雖隨風華他去
但日月並不健忘

◎屹立三千年的阿里山神木，於八十七年六月廿九中午十二時五十三分倒下，在電鋸過程中曾有雷雨交加。似天地同悲阿里山地標之消失！

㊴霧台之旅

霧台
霧的故鄉
世世代代的魯凱族人
為它縱酒歌唱
千億年
羣峰似婚紗未揭的新娘
讓自然原始朦朧
讓山那邊嚮往

無孔不入的文明啊
卻沿著山腳下藍藍的澗水
偷偷地拜訪
沈重的蛩音
踩在魯凱族人的心上

一步一震撼
一步一悲傷
成羣的車輛
壓垮了世外桃源的圍牆
山外的繁榮
吸走了村內男女精壯

大肚的黑陶壺啊
竟裝不完族人的血淚辛酸
壺身的圖案
記不盡族人的歷代事蹟輝煌
石板屋啊
住的卻是魯凱的夢鄉
百步蛇神啊
守護的僅有傳說古老的一段
霧仍在台上飄舞
魯凱卻在霧中迷惘

只見老弱蹲在屋簷下
口嚼檳榔
晒著無力的太陽
凝望霧中失落的遠方

四十 謁金門

——暢遊金門歸來有感——

「固若金湯　雄鎖海門」
啊——金門　不沉的軍艦
自由的長城　風雨飄搖時
沒能乘風破浪　彈封砲鎖時
沒能躬逢其盛
今天
煙消雲散　風平浪靜
卻乘豪華空中巴士降臨　兩腳羞愧
踩著遍地彈雨的滋潤　彎一腰謙卑
參觀血管的地道　它曾日日夜夜賁張雄心
瞻仰軍民堅毅的信念　「毋忘在莒」
深深勒在太武山巔　艱鉅的擎天廳
勝天的花崗石醫院

宣示無堅不摧的精神

古寧頭大捷
輝耀一海勝利的浪花
烈士的屍骨
在泥中滋長芬芳
烈士的壯烈
在青史寫下輝煌
英靈已化為參天的木麻黃
在世界戰史上寫下最驕傲的一段

八二三漫天的火花
曾吸住全球的眼光
也曾照亮世界姑息的迷惘
四十七萬顆砲彈
炸裂成二千三百萬顆堅強
單打雙不打

歷經二十年入夜不點燈的無奈苦痛
軍民仍牢記不忘

馳名的料羅灣啊
如今只見漁舟晚唱
馬山已患喉炎
卡拉OK卻價響兩岸外弛內張
下榻高鴻山莊
斟一盅陳年大麴戰史
頂禮拜讀
撰寫台灣奇蹟滄桑
掀開—「無金馬即無台澎」
繁榮安定的前頁
盡是血淚寫成的悲壯
曾有贏篇累牘的歌頌吟唱
筆拙如我面對英雄不朽作者

只有再乾一杯政客的淡忘
未曾植木麻黃
未曾種高粱
卻豪飲陳高
酣然躺在樹蔭納涼
用漠然的外國觀光客心態
欣賞蟲鳴鳥唱
飽覽戰地風光

感懷篇

用七十年歲月
泡一盅人生苦澀
在滄桑的搖椅上
細細的品啜
殘留的一絲微悟

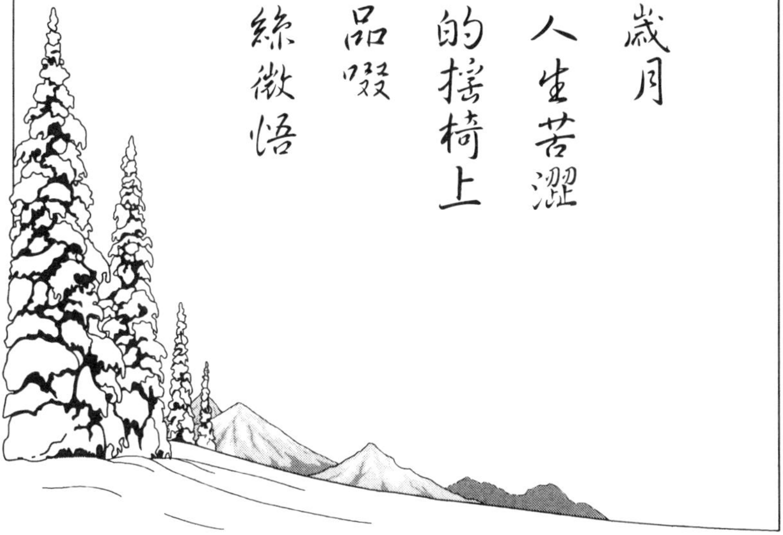

四 探親行

烽火熄了
彈雨也歇了
槍林卻日益茂盛
山河變了
半個世紀過去了
思鄉之情愈濃
遊子
揹一身辛酸
揣滿懷情怯
踱入似非而是的故鄉
叫醒石化了的舊夢
抖落累積如丘的思念
滿堂炙熱的親情
沸騰了成河的淚水

幾許如煙往事
在喜極的唏噓中重溫
只聽得：
回來就好
　回來就好
莫哭
　莫哭

㈣兩片浮萍

兩片隔著海峽的浮萍
曾經有過模糊的曾經
又萍逢於中國百年來驕傲的地點
如夢往事
感嘆成長空煙雲
一位不是遊子的遊子
從他鄉到故鄉
一位不是歸人的歸人
卻從故鄉到他鄉
盡是悲情的過客
揹著裝滿諷刺時代的行囊
疲憊地又著陸滿街霓虹的冷漠與遺忘

◎後記—文友潘雷談起，他探親歸來，在香港巧遇當年同部隊未及來台的台籍老兵有感。

㊃ 人生五帖

生

當你踏上子宮口的起跑線時，
哇—的一聲之後；
裁判即刻按下人生的碼錶。

老

白髮、昏眼、脱齒、伸不直的腰。
終年在彼此諷刺嘲笑，
取悦一臉寒霜的歲月。

病

引擎磨損。油路不順。
金屬疲勞。爬坡無力。
該進場維修囉！

死

一路奔波終點站到了，
留下所有的行李
兩手空空地下車吧！

苦

自命萬物之靈的人類。
笨蛋地用無盡的愁苦，
蓋一間偉大的虛空倉庫！

四 開門七帖

柴

心地剛強胸無點墨的瓦斯先生啊！
別為目前的優勢神氣
看那縷縷炊煙飄向夕照的美景
才是人們難忘的回憶

米

麥當勞伙同肯德基
想再以當年鴉片的香脆
攻打中國傳統的胃口
飯桶民族啊快修長城吧！

油

用它炒菜
又油又滑
若用它做人
可是又奸又詐

鹽

它將淡泊道德
調成濃味銅臭
它將黑白人生
調成一片璀璨彩色

醬

豆族
用它一生的苦難煎熬
成就的
只不過是人們一句順口的讚美

醋

熱戀中的情侶
總會隨身攜帶
恩愛夫妻　用它
釀造一罈更酸的濃情

茶

詩人的壺中
氤氳飄逸的詩意
俗子的茶餘
沈澱著蜚短流長

㊺ 文房四寶

《一》筆

半尺細竹
一撮狼毫
龍飛鳳舞
橫掃千軍
鋒芒如刀

《二》墨

出身黑道
卻黑白分明
不像黑底政客
卻要漂白自清

《三》紙

它薄如人情
能承載冷漠的沈重歷史
卻包不住
人間的點點星火

《四》硯

一方數吋岩池
一杵黃金歲月
仕子要用多少青春
磨出榮華富貴

㊻ 蝦

它一生
彎著腰
駝著背
只因揹負了對世人太多
的憎恨
最後一身醉紅
是代替老饕那殘忍
羞愧的臉色

㊹ 渡子

渡子
用青春的篙槳
撐划滿船的歲月
上船 下船
渡來 渡去
儘是忙碌陌生的過客

㊽ 蝸牛

人們整天匆匆忙忙
來來去去一場空
它一生從從容容
卻留下美好的腳印

㊾ 愛鳥人

如同獄卒的愛鳥人
每個放風的凌晨
提住畫眉黑暗的牢房
一路地震似的搖晃到公園
以殘酷慈愛的風雅
欣賞畫眉鳥串串悅耳淒苦的
哀求
放我出來
還我自由
可惜他不是公冶長
只是一個愛鳥人

㊿ 面子

它一是個問題
看不見也摸不著
有貴賤有大小
輕重要看地位權勢如何
有人愛它如命
有人視如垃圾
有人為它做作
有人甘願為它受罪
有人不願隨便給
有人爭著要
唉一它到底是什麼東西
活人要　死人也要

㊄一 小草

神木用一身偉然蒼勁
只是標榜自己的傲岸不羣
小草卻用一族的卑微
妝扮整個綠色世界

㈤ 留一盞燈

留一盞燈
好讓深夜歸來的浪蕩子
看見慈母倚門焦急的容顏
熄一盞燈
莫讓酷愛光明的飛蛾
撲燈喪命
留燈是愛
熄燈是憐

㊿ 路燈

它
無怨無悔
歲歲年年
忍受深夜無伴的孤寂
忍受四季寒暑的侵凌
恭恭謹謹地佝僂著
拎一盞慈母的眼神
肚兜兜滿溫馨
散發與來來往往的路人
夜夜嘮叨酒鬼李白
跌跌撞撞地
老是敲錯自己的家門
它常說
與其咒詛黑暗

不如點亮自己的心燈
但它自己卻為每個黎明
歸隱
又為每個黑夜拉開臥房
的窗帘

(五四) 泡一壺往事如煙

—晨登壽山有感—

一片晨曦
泡一壺芬多精
一地朦朧
泡一壺明滅街燈
一港海水
泡一壺船影
一堆人間煙火
泡一壺飄渺悠閒
一縷空靈
泡一壺詩情
一撮滄桑
泡一壺往事如往事

㊄ 悼德雷莎修女

天父的乖女兒　德雷莎
您是為彰顯祂的仁愛而生
又為世間無盡的苦難而死
為救貧濟困
走遍全球懇求權貴政要伸手
為撫痛慰苦
親握麻瘋病患從不戴手套
您榨乾一身的油脂
燃起窮苦人心溫馨的燈光
您以一身瘦骨
支撐窮苦人家的希望
您以一生青春
彩繪世間慈愛的光芒
您以粗衣粗食寫下璀璨人生

您以無私無我銓釋不朽生命
您的生活低於貧民
您的尊榮高於帝皇
您比世上的偉人更偉大
您比世上的富人更富有
您比世上的母親更母親
辛勞了八十一年
沒有為自己活一天
油盡了燈熄了
您留在人間之愛
人們牢記心田
天父已為您記入永恆

(五六) 竹筷

好一對炎黃子孫
不畏西方利刃堅叉
在甜酸苦辣中併肩作戰
誓死保衛泱泱傳統

㊼ 酒家女

洋酒可能是真的
酩醉可能是假的
鈔票絶對是真的
媚笑絶對是假的

(五八) 玫瑰

既然袒裎一身美色幽香
招蜂引蝶
又何必戴著荆冠
防人親吻

㊄九 鏡子

好一個現實的傢伙
不肯加多一點柔情還你
只要你一離開
它就把你忘得一乾二淨

(六十) 沉默

不是不會說話
也不是不想說話
只是他認為
不說比說好

㈥ 英雄

政客用橫飛口沫
編一堆花言巧語
英雄用沸騰熱血
寫一首壯烈凱歌

(六三) 老兵

—紀念七七抗戰六十週年而作—

拋妻棄母
強徵出門
穿二尺五
吃三寶飯
一二一二
草鞋布鞋
左腳右腳
兩腳厚繭
走過大江南北
爬過漫天烽火
踩過屍骨堆山
渡過血流成河
當年以彈雨洗澡

當年在槍林中睡覺
歲月悠悠
流盡青春年少
如今在榮家頤養天年
孤影陪伴晨昏
頂天立地的腰桿已經彎彎
怒髮衝冠也成禿頂
不太服從的雙腿
取笑昏花兩眼
再也瞄不準世道人心
顫抖的手
拍打大腦神經
逢人就說
自個兒想
夜裡夢
還是那段慘烈勝利光榮
啊—偉大的老兵

將軍的左胸掛滿老兵的英靈
老兵佩的是一身的彈孔疤痕
他們不會寫字歌頌
只會用身家性命
在苦難的中華山河
寫下不朽的救亡圖存
僅一個甲子的短暫
現實卻將它淘盡
但老兵並不孤獨
有成堆往事回味
有一枕老淚縱橫
老兵也不貧窮
有政客成堆輕忽關注的眼神
還有社會豐富的忘情

(六三)戴勞力士手錶的老人

聽說
鳳山有位老人
死去多時無人曉
腕上戴著勞力士手錶
遺留現金也不少

聽說
他老伴在美國照顧女兒
老人卻在照顧一屋孤苦寂寞
豐裕了物質
貧窮了親情享受
昂貴的勞力士手錶
只能看無奈的歲月
不如一絲關懷

不如半句問候

聽說
他住台北的外孫
回來掃墓發現了
面對錄影鏡頭
表情痛苦
難得也有淚流

㈥㈣ 聖誕抒懷

一隻純潔無瑕的羔羊
頭被套住諷的荆冠
罪惡牽向各各他（註）荒涼的刑場
沿途踩著冷嘲熱諷
忍受毒箭的眼光
沒有一句怨言
沒有絲毫反抗
人們摒息
大地靜止
只有榔頭
敲打宇宙亙古的迴響
白袍飄落
蓋住人們無盡的憂傷
殷紅的鮮血

滴成慈愛包容的海洋
四隻血淋淋的大鐵釘
把刑具釘成一座天人合一的橋樑
釘住了人類明天的希望
年年今夜教人思想
風雪夜馬槽中那隻挽回祭品羔羊
卻只見愚昧
恣意地通宵達旦
在迷惘中狂歡

◎地名，意為骷髏地。

(六五) 楚項羽

在鴻門宴上
你是否已醉
還是太仁慈
為何不從項梁的設計
你是否太天真
還是不懂政治
爭江山要無所不用其極
以致垓下被圍
四面楚歌
窮途末路
嘆空有力拔山兮氣蓋世
遙望江東
想當年鄉親的擁戴
想當年父老的期許

愧疚椎心
悔恨莫及
此時
心愛的美人殉情
心愛的烏騅悲嘶
此時
將僅有的一顆頭顱贈送好友
將僅有的一腔豪情獻給虞姬
雖然已到傷心處
我想你沒有哭
因為英雄以歌當哭
因為霸王以血代淚
睜著英雄的眼神
引頸一刎
頓時
熱血將烏江噴成項羽
人頭隨著霸王滾入千古

彈指兩千年
成敗一聲笑
烏江依舊
楚霸王依舊
漢劉邦江山已非

◎後記：觀賞霸王別姬有感—

㈥八 暮

髮如雪地松柏
閃爍著世間冷漠的眼神
滄桑蹣跚而去
留下條條路
生活在臉上撇下一把標點
說要用來寫篇回憶錄
人情中的冷暖炎涼
把兩眼捂得模模糊糊
一口伶牙俐齒
經不住甜酸苦辣的誘惑他去
雞飛了留下脖子
重擔早已卸下
但腰桿依然不肯伸直
兩腿沈重

原來是太多的青春不捨地抱住
想當年一清二楚
昨天事反而忘記
睡時常醒
醒時又常睡
看花謝垂淚
看落日嘆息
怕吵鬧又怕孤寂
儘管人們費盡心機
感嘆無奈如山堆積
也阻攔不了無情歲月
殘酷地牽著人生飛逝

(六七) 生命三則

之一

我們儘是地球的旅客
人人有權選擇自己喜愛的路線
但往往事與願違
坎坷　康莊
苦辣　甜酸
就只這一趟
誰也無權決定旅途的長短
想賴著不走
那只是妄想

之二

生命如住屋
我們都是

租居的無殼蝸牛
只有使用權
沒有所有權
但務請珍惜
因為——
誰也不知道
房東幾時要收回！

之三

生命如風景遊樂區
它樹立著禁止標語
不准遊客帶走一草一木
但除了腳印之外
你是否還想留下些什麼？
讓人感到不虛此行！

(六八) 問海

海啊—你
為何浩瀚
只因人心太狹窄
為何深邃
只因人心太膚淺
為何湛藍
只因人眸太灰暗
為何不枯
只因世間無真情
為何鹹澀
只因承受太多的　悲苦
為何成其大
只因能容大納小
為何浪語不休

只因天下的慈母
都是一樣的嘮叨

㊈ 殯儀印象

數輛五光十彩的電子花車的後面
搖擺著濃妝艷抹年輕姑娘的臀浪
一身短而透明的道德
假裝遮住三點畢露的無恥
刻意在吸引路人的眼光
震天價響有怨無哀的哭調
製造著孝子賢孫傷痛的假象
奢侈而盛大的排場
氣得節儉以終的主角一身冰涼
漫長執紼行列
個個趾高氣揚
除了胸前那朵小小的塑膠白花
找不到半點悲傷
除了滿頭汗水

找不到眼淚奪眶
五十人的大樂隊
吹奏望春風、心酸酸
好似嘉年華會的瘋狂
陣陣日下的世風刮起
讓人暈頭轉向
哭也荒唐
笑也荒唐

㈦ 洞簫

節頑竹
嘴俗氣
開竅之後
便成美妙的旋律

㈦二 藝海星殞

—悼郎大師靜山老先生—

啊—大師
您的生命
一如長江
穿山鑿嶺
既韌且剛
您是中國攝影藝術的啓明星
在閉塞的封建社會
在攝影的洪荒時代
您掌著一盞燈
照亮影藝之路
您手扶一張犁
翻鬆了中國影藝不毛的土壤
您以西洋新潮相紙

銓釋中國古老的水墨畫
您以豁達的情懷
將世界風光集錦於方寸
天工巧奪
獨步藝壇
放眼今天
誰出其右
百年
耕之耘之
磨頂放踵
教之誨之
桃李遍天下
德望滿全球
一世紀悠悠歲月
您孤孤寂寂在暗房中為影藝奉獻
十萬里悲情山河
您將它化為永恆的真善美

您是一幀逆光大特寫
凸顯在二十世紀世界藝壇
著長袍握萊卡
傳統而現代
您走了
沒替子孫留下豐富的財產
卻留下不朽的藝術
還有一份國人永懷的大師風範

㈦ 九二一集集震悲

九二一　鬼哭神號
九二一　天翻地覆
啊　集集
集百年悲傷于一瞬
集百年慘烈於頃刻
忠實的高樓此時仍堅守崗位
只有懶惰的大廈如在搖籃中酣睡
台灣　震成了世界焦點
　　震成了人道政治考驗

夢中的人民
剎那不知魂歸何處
家破心碎　問天無語
青山不再青

綠水不再綠
道路柔腸寸斷
橋樑好似兩岸關係

流浪的愛心從廢墟中爬了出來
昏睡的慈悲在哭聲中甦醒
冷漠的人心在熱淚中沸騰
麻木不仁乘著關懷的風潮離去
政客的嘴被削裂的土石流堵住
渙散的人心被塌樓擠成一套三明治
看
風雨中　帳棚湧至
飢餓中　有人送被推食
缺乏中　有堆積如山的物資
搶救中　還有國際友人的馳援夜以繼日
賑災募款　八方響應同途
人性光輝　擁抱冰冷的悲慘事實

災難損失
政府可以概括承擔
忘掉傷痛　勇往直前
只有靠自己
重建家園　撫恤孤苦
問題如麻
端賴全民的付出

且寬心讀幾段歷史
五十年日本殖民煎熬
我們走過來了
退出聯合國大風暴
我們走過來了
八七大水災
我們走過來了
八二三砲戰
賽洛瑪颱風

導彈武嚇
我們也都走過來了

生存是幸福　活著就有希望
多難興邦　團結就是力量
全國的半旗在信心中飄揚
擦乾眼淚　捲起袖子
讓我們重溫一次
處變不驚　莊敬自強
讓我們再創一次台灣奇蹟
再塑一隻傲然世界的　浴火鳳凰

(七三) 流星

在深閨苦待了千億年
心急地曳著那襲耀眼而飄逸的婚紗
在羣星嫉妒的眼神裡
破長空而來
趕著與虛無成婚
雖良宵苦短
可否稍待片刻
也好讓我準備送你一份
來不及想的祈願

㈤ 送別二十世紀最後一輪落日

我肅立西子灣畔
目送二十世紀最後一道陽光
它羞愧地為人類紅臉黯然下降
因為揹負
兩次愚蠢大戰的悲傷　而
一日千里的科學文明　卻
夜以繼日地製造地球的絕望
飢餓仍在徬徨
爭端仍在醞釀
偉大而聰明的中國人啊
請為屬於我們的世紀祈禱
願　中國人不再愚蠢
願　台灣海峽無風無浪
能在世紀舞台再造漢唐

陽光啊
快走吧
不必再為政客們無知的錯誤感傷
地球那面正在瘋狂守夜盼望
期盼第一道璀璨的陽光
點燃千禧年文明新希望
用第一絲溫馨
解凍一觥冰封的和平
讓全人類共飲共享

㊄ 老人結婚

——訪高雄仁愛之家——

七十六的新郎
挽著九十五歲的新娘
踩著滄桑進行曲
每一步都是曾經的夢想
每一步都是長久的盼望
紅毯有一世紀那麼長
一對熊熊的喜燭
結成一對溫馨鴛鴦
相見何恨晚
美好不在長
只要擁有
遲來何妨

㊆六 母親是什麼

只有兒女　忘了自己的一種女人
全年無休的佣人
沒有領薪水的媬姆
免費的特別看護
起早晚睡的管家
最合胃口的廚師
不用電的洗衣機
精打細算的的會計
叫人起床的標準鬧鐘
不會享受的傻瓜
愛吃剩飯剩菜的笨蛋
逆來順受的忍者
製造大愛的機器
偉人心中的偉人

兒女肚中的蛔蟲
兒女的出氣筒
兒女心中的討厭鬼
最會倒帶的放音機
每年五月的大紅人
百貨公司大撈的藉口
康乃馨的最愛
上帝特意設計製造
世上最偉大而平凡的一種雌性動物—母親！

㊄ 父親是什麼

—今年的母親節，寫了一首「母親是什麼？」之後又不禁要問—「父親是什麼？」以慶祝—「八八節」—

父親是家庭王國兼守護神
母親的另一半
母親在外面的兒子
母親發嗔時的殺千刀
母親撒嬌時的死鬼
母親心中的一罈陳年老醋
是頭四季不分的耕牛
馱著家前走不回頭的毛驢
兒女童年時的英雄
兒女心目中的好壞榜樣
總覺得自己的兒女比人強的自私者
總覺得別人的老婆美又好的盲目者

自己是螃蟹卻不准兒女橫行的無理者
飽暖之後問題家庭的製造者
金屋外室的營造者
上帝設計製造繁衍人類的播種者
—天下父親們：你是什麼？請自我省察觀照吧！

(七八) 熱血依然沸騰

—為紀念青年軍從軍五十週年而寫—

八十五年六月三日
台北國軍英雄館
正如五十年前的重慶陪都
青年軍的戰友們
著一身當年遍地血腥
揹一袋當年漫天烽火
八方聚會
緊握無情歲月
擁抱淒苦滄桑
在臉上的老人斑中讀記憶
在如霜的華髮中尋以往
在深埋的皺紋裡掘開可歌可泣的那一段
啊　當年　當年

當年我們是民族的救援投手
當年我們是國家的消防隊員
以戰場作課堂
以槍桿代筆桿
以身家換國家
以生命為抗戰下賭注
天降大任　絕不退縮
救亡圖存　捨我其誰
啊　五十年
只不過半個世紀
儘管世事多變
但熱血依然沸騰
戰友們
舉杯吧
且讓我們同飲一寸苦難山河
同飲一寸熱血沸騰

㊆㊈ 埋葬悲傷

—告別中國人悲傷的二十世紀—

野蠻的拳匪義和團
以殺洋人焚教堂
迎接二十世紀
文明的八國聯軍
趾高氣昂
以洋槍洋砲
迎接新世紀降臨這落後的東方
慈禧獻上
一串逃亡路上的疾蹄
踏碎的倉皇
豪華而醜陋的圓明園
且以漫天火光
引燃了悲愴的開端

從此只見
　強權囂張
　公理逃亡
　朝廷腐敗
　割地賠償
　中原板蕩
國民革命軍
以十次起義的失敗熱血
澆醒了民族軟弱受侮的頹喪
熔化了二百六十七年專制的高牆
然軍閥割據
破碎海棠
又以北伐縫合療傷
八年浴血抗戰
南京大屠殺
重慶大轟炸
億萬人流離傷亡

無辜的血
寫下的是一首永恆的悲傷
多年未熄的國共烽火
無盡的鬥爭清算
十年文革
十年瘋狂
世紀末了
兩岸仍是劍拔弩張
聰明的炎黃子孫啊
讓我們用智慧把悲傷埋葬
且獻一束盛開的希望
讓和平在屬於我們的世紀誕生
在中國人懷中驕傲的成長
讓今日突飛猛進的科技文明
營造出人民的幸福
並引領我們步向
人間的天堂

㊇ 乾一海隔閡的苦澀

—歡送中國作家協會台灣訪問團作家有感—

儘管歲月滄桑
退不掉相同的一臉腊黃
儘管距離無情
模糊不了深烙的炎黃
儘管意識形態固執
但阻隔不了萬流的歸向
多少曾經的人間悲情
已在乾涸的淚河中遺忘
把臂言歡
對錯是非哈哈一笑
徜徉秀麗山水
豪情對酒唱歌
來！讓我們把心的長城拆掉

來！讓我們把政客風乾下酒
來啊！
讓我們高舉祝禱期許之杯
仰脖而盡
乾一海隔閡的苦澀

◎寫於2001．5．20晨．中央研究院學人中心

附錄

文曉村理事長來函

李玉兄：

第一次寫信，以兄相稱，該不會介意吧？

看你的年表，一九二八年出生，你我同年，同是少小離家，有家不能歸。時代命運使然，奈何？

今天，收到你的大著《**心弦詩集**》，匆匆的翻了若干篇，雖吾兄詩作，多屬寫實詠事之作，修詞上比較傳統，但像〈**打坐**〉、〈**蓮池潭之晨**〉、〈**送牧**〉等，都能要言不繁，抓到詩的意象，昇華而為境界，可謂佳構。他如〈**長城**〉的結尾，「**擋住千軍萬馬／卻擋不住／陳圓圓的細聲嬌嗔**」，不儘寄意良深，突然意外的想像、張力，亦是絕妙之筆。在校對上仍有少許疏忽，蕭颯〈**序文**〉第2頁第二行「**目的現代詩**」的「**的**」字應為「**前**」字之誤；第3頁第二行「**我然偶爾**」中漏一「**雖**」字；第6頁第七行「**在形式會得呆滯**」中得字上漏一「**顯**」字。詩篇24頁第二行「**港都的模質**」中「**模**」字應為「**樸**」字之誤。我這樣啄木鳥似的抓錯字，足證明我讀大著是十分認真的。雖然錯字多為校對疏忽，不傷大雅，弟以為必要時，可給朋友們寄一張勘誤表，以示對自己作品的負責態度，不妨考慮。

在收讀吾兄《**心弦詩集**》之前，我曾在《**抗戰勝利台灣光復五十週年紀念專輯**》中，讀過你的〈**碑—矗立在心中**〉，印象十分深刻。我覺得那是一首十分成功的好詩。我曾在電話中告訴潘長發兄，「**李玉那首詩是所有詩作中最好的一首**」（這話如果傳入其他朋友的耳朵中，一定不舒服，但我說的是真心話）。這首詩好在一開頭從寫實的「**矗立在鳳山市國泰路旁／讓飛馳而過的車流看到／也讓受惠最大遺忘最快的路人看到**」，不說讓乘車的人看到，而說「**車流看到**」，以物代人，以人擬物，修詞美；「**讓受惠最大遺忘最快的路人看到**」，這個「**路人**」是誰？不明說，是含蓄之美。後面「**矗立在山河凝固的血流中／讓千萬具戰士的枯骨看到／也讓數不清的悲慟慘烈看到**」，把立碑紀念抗戰中死亡者的英魂主題點了出來；那「**山河凝固的血流**」、「**千萬具戰士的枯骨**」，也是抗戰勝利光復台灣所付出的慘烈代價，何其令人沉痛！以下幾個「**矗立在．．．讓．．．看到**」不同意象的層層疊出，虛實相間的筆法，使一首只有二十三行的短詩，包容著震撼人心的萬鈞之力，我希望有機會為這首寫一篇評介，在今年抗戰勝利五十一週年時與國人同哭同悲同追悼。我也建議吾兄在*203*頁第四行的「**國人**」上加一個「**中**」字，使全句成「**碑—矗立在中國人的尊嚴上**」。

奇文共欣賞，好詩怎能不讀？匆匆命筆，願與吾兄共勉之。

順祝

吟安

弟 文曉村 敬上

一九九七・二・十八晚

碑—矗立在心中

——台灣光復五十週年紀念碑——

第一座台灣光復五十週年紀念碑
矗立在鳳山市國泰路上
讓飛馳而過的車流看到
也讓受惠最大遺忘最快的路人看到
它矗立在山河凝固的血河中
讓悲慟看到
也讓數不清的慘烈看到
它矗立在億萬具戰士的枯骨上
讓日月看到
也讓不朽想到
它矗立在中國人尊嚴上
讓一盤散沙看到
也讓東亞病夫想到

它矗立在八年長痛的傷疤上
讓歷史看到
也讓十二億人時時想到
它矗立在地球的頂點
讓二十一世紀看到
也讓百年來列強羞愧的眼神看到
碑　立在鳳山
頂天立地
碑　立在心中
永懷感恩

◎潘雷編著「紀念抗戰勝五十週年專輯」收錄

給詩人李玉

—武漢華中師大文學院教授　張永健

詩人李玉又是攝影家，在《大海洋》五三期有其詩作《臺灣光復五十週年紀念碑》和影作《心海》，我讀其詩作影作，有感而發。

你用統攝天宇的目光
捕捉詩的攝影
你用囊括四海的胸懷
孕育畫的情韻

白天，我朗頌你的「紀念碑」
彷彿同你站在「地球的頂點」
頂天立地
讓世紀之風

伴我們放歌

夜晚，我凝視著你的《心海》
彷彿同你沐浴在海洋的中心
仰視環宇
讓時代之波
伴我們狂舞

評李玉四季組曲

—國立高雄海洋學院教授　黄吉村

春

人們嘴中哈出陣陣熱氣
透過冰雪的罅隙
催醒了禿枝上的點點新綠

夏

榕蔭下泡一壺凍頂
蒲扇揮動荷香
在蛙鼓蟬唱中打盹

秋

一批無聊的檳榔族
恣意的噴吐
把西山搞得遍地通紅

冬

一臉冷酷無情的肅殺
你可知道
它是孕育百花的母親

宋景文有落花詩：「將飛更作回風舞，已落猶成半面妝。」世人稱之。李商隱詩云：「落時猶自舞，掃後更聞香。」後人以為「掃後更聞香」之所以勝「已落猶成半面妝」是因為宋詩只是一幅靜態的圖畫景象，而李詩則訴諸嗅覺，言畫面上的落花雖已掃去，畫面外的暗香還在浮動也。

詩貴意象，意象是作者意識與外界物象的交會，天人合一的情感，心物合一的哲學，即是此種意象的極致。詩人能用視覺或嗅覺等感觀意象傳達出來，然後將心中的意境，與外在的物象融合在一起，便是真感情真景物之作品了。

意象浮現自然情景交融，一層不隔，而有神韻。

李兄的四季組曲，就這般輕易的讓意象浮現，從感官體會四季精神，下筆奇特，用語活潑，其鍛鍊字句又能不拾人牙慧，自創新鮮句子，真是出色。

一般人寫春天，都由花開寫初春，花落寫暮春。唯李玉卻從冰雪的罅隙來寫初春，更見精神與傲人風骨。口中的熱氣，催醒了禿枝上的點點新綠，將抽象的春具體化了起來，好像沒有自己的一口熱氣，春就綠不起來，這樣操之在我的信心，毫不向命運低頭的勇氣，使詩中含蘊充沛氣勢。

這種「**咫尺有萬里之勢**」的壓縮效果，想在短短篇幅中傾瀉出來，委實不易，但李兄卻僅僅用三句短語，就把筆外之意、弦外之音一同點染而出，非凡夫可及也。

李兄的夏天是用凍頂，蒲扇、荷香、蛙聲交織而成的，然後在這一個桃源世界中，大睡一覺，其寧靜悠閒，瀟灑不拘的隱士精神令人嚮往。這樣的境界是田園詩人所追求的最高情趣，李兄已經得之。

杜牧有「**霜月紅於二月花**」句。以秋葉勝似春花，一翻前人陳舊想像，可謂立意出奇，是可喜的創新。李兄的秋，把西山的落葉，西山的夕陽，比作檳榔汁，可謂想像得妙，檳榔汁雖俗，卻比喻恰當，使俗氣生雅，文句一新，也是大膽創作也。

張籍有隱月岫詩：「**月出深峰裡，清光夏亦寒。**」句中「**夏亦寒**」是絕妙的矛盾語，因為夏天的熱竟然變為寒氣森森，這種逆筆翻滾之勢，使詩中強度與構造，產生令人驚奇之嘆。

李兄的冬詩既是肅殺，又是母親，是利用矛盾衝激的方式，形成陣陣漣漪，波波高潮，予人以警策印象。

元遺山：「**登高望遠令人起，欲買煙波無釣舟！**」是在興緻當兒來一個衝突，使興緻突然逆折下來，這般緊湊句子，必須才學俱佳始克及之。「**冬天本是無情的肅殺**」，轉為「**孕育百花的母親**」，這一轉折，就在無情和有情之中，由矛盾創造平衡與和諧。

看了李兄贈與的「**心弦詩集**」，是為了紀念慈母的偉大，令我感動，沒有母親「**哈出陣陣熱氣，透過冰雪的罅隙**」，怎能有「**禿枝上的點點新綠**」似李兄者，用詩作兩句對聯，以表謝忱：

李下文章千古是

玉中品味百家香

自然之子的顫顫心弦——讀李玉的詩

—華中師大碩士　王泉

祖籍湖南的詩人李玉先生，是一位藝術上的多面手，攝影、小說、詩、散文均很出色。初讀他的《**心弦詩集**》，一下子便被這個大自然之子顫抖的心弦震攝住了。那濃濃的鄉愁和中國情結、詩人那博大的胸襟及詩篇所透射出的精神靈光，都引領我進入了一個全新的藝術殿堂。

《**心弦詩集**》是李玉先生的第一本詩集，詩人是用它來獻給自己「**勞苦一生、貧病以終的父母親大人**」的，因此全書彌漫著或濃或淡的鄉愁。《**返鄉組曲**》通過「**歸鄉路**」、「**故鄉**」、「**夜思**」、「**掃墓**」、「**珍貴的禮物**」、「**訪友**」、「**賦歸**」一系列互相關聯的事件，組合了一部纏綿的思鄉曲。在敘述中間以濃烈的抒情，道出了詩人久蘊的心扉。詩人詠道：「**臺灣海峽好寬啊／七四七竟飛了四十六年／粵漢鐵路好長啊／讓火車飛馳了四十六年／思鄉夢好久啊／一夢就是四十六個年頭。**」（《**歸鄉路**》）這些近乎直抒胸臆的詩句，用海峽之寬、鐵路之長、鄉夢之久來抒寫游子四十六年來對故鄉的思念，從而把無形的思念具體化了、詩化了。無論是物換星移或是天老地荒，詩人對故鄉的思念沒有淡化，相反只會「**燉得更**

濃／熬得更香」。當詩人接過四嫂送給他的兩雙白底黑面的布鞋時，詩人痛切地感到了別離。「**故鄉啊／要別離了**」，所以他要「**多看幾眼，別了，別了／丟下舊愁／背上新愁。**」鄉愁就像游子的影子，時刻伴隨著他的左右。凝結著中華智慧的茶在詩人筆下也成了一部思鄉史。「**國基兄探親歸來／送我一小廳嚮往已久的君山茶**」、「**我急著一品為快／但茶浮懸不已／可能是裏住了太厚的鄉愁／或許因為不是宜興壺／幾許感傷無奈／且把四十年的相思／四十年的淚汁／一起斟入杯中。**」睹物思人，痛徹之至。在詩人眼裡，連高雄市的「**愛河**」也成了「**漂泊多少思鄉夢／淌乾多少妻兒淚**」的家園，在那裡，「**流走竹筏漁唱／流走日寇情仇。**」愛河於是變成了一座銘刻著民族血淚史的紀念碑。

李玉說：「**宇宙是首詩／凝望滿天星向你眨眨眼／請毋寄情；／那只是現代詩人所省略的句點。**」也許透過他的詩觀，我們看到了一位攝影家獨特的藝術視野和作為自然之子所追求的境界。不可否認，李玉的詩走的是現實主義傳統的道路，而這正是一些現代詩人所忽略的。然而，歷史證明，經過多年的論爭與探索之後，臺灣詩壇多數詩人開始返璞歸真，重新扛起了現實主義的大旗。他們以強烈的鄉土意識和時代使命感，為振興中華詩歌作出了不可磨滅的貢獻。作為《**大海洋**》詩社同仁的李玉，無疑是一名為鄉土詩歌搖旗吶喊的勇士。他的詩追求一種平淡中的超越和超越後的激盪。在他眼裡，木棉比牡丹更真率，它「**寄情於喧囂的都市／以真以善為美詮釋。**」以博喻手法寫成《八八頌》更是一個鮮明的例子：「你是一篇好散文／有豐富的人生／朱自清才寫出膾炙人口的《背影》。」一個父親的形象在寥寥數行詩中躍然紙上。他的詩還注重敷彩著色，呈現出色彩美。他寫對迎春的渴望，是從歌詠「綠荷」開始的，緊接著寫秋的「楓紅」和冬的「雪化」，一首詩裡遂充滿了五顏六色的夢幻色彩。《海女》用擬人化的手法，展示「海女」廣袤的的柔情。全詩以藍色為背景，以凸顯「海女」深深的愛。「她栽種浪花／只為送給她的最愛」，她的「浪花玉手」、「那浩瀚隆起的胸脯」、「雙眸盈盈湛藍」構成了一副多麼美妙的肖像。《五月愛河》則以動顯靜，以「龍舟」、「雄黃美酒」的豪放，烘托出詩人屈原神聖崇高的精神。《加工區之頌》中，詩人歌唱道「在一片火紅的鳳凰花季／不畏悶熱炎陽／每天未待啟明星闔眼／便把西天的殘月抹去／順手拉開東方的曙幕／再裝一籃新鮮的金色陽光．．．．」，聲、色、味融於一爐，將勞動者的熱情勾勒得維妙維肖。

此外《心弦詩集》中有一些充滿哲理的篇幅，大都短小而意味悠長。如《燭》中對「哭也在場／笑也在場／既津津為黑暗垂淚／又甘心為光明自焚」相互矛盾的心理揭示，反映出社會人生的兩面性。這無疑使全書錦上添花。

李玉是一位博愛主義者，有大海一樣的胸襟。他在擁抱大自然的同時，能以一顆赤子純潔的心靈去報答生養自己的勞動者－我們的衣食父母，這是難能可貴的。他的「相機已成為海峽的橋樑／讓鄉情盡情的通往」。我們衷心地祝願他的詩也會成為海峽兩岸炎黃子孫的詩情、鄉情和愛國情構築起一道美麗的彩虹。

評《詩人與海》

——咸寧師範高等專科學校中文系教授　張芳彥

詩人與海洋

海的浩瀚無垠
　是詩人寬闊的胸懷
海浪輕蕩
　是詩人斟句的吟哦
海風習習
　是詩人深思的謂嘆
海嘯狂騰
　是詩人悲壯的激情
海礁層層
　是詩人一身高風崢嶸

海水湛藍
　是詩人一生宿夢的沉澱
大海洋
　是詩人一刀無格的稿紙
海鷗翱翔
　是忙著替詩人尋找失落的靈感
沒詩人　就沒海洋
沒有詩　浪花不會綻放
偉大的詩人！
偉大的海洋！

海洋雄偉壯麗，納百川、容萬物，蘊含無限！

海洋靈動多姿，又潮汐有序，博大精深！

海洋融天地之靈氣，匯人文之精神，它是那麼神秘又是那麼平易！

以博喻來寫海洋，以海洋論詩人，是這首詩最突出的特點。浩瀚的大海是詩人湧流不息的胸襟，每一句詩後都藏一道令人神往的風景，引人遐想。你看，輕柔的海風、細吟的海浪、奔越不羈的海嘯是詩人"吟哦"、"謂嘆"、"激情"澎湃幻化出來的神韻；多姿多彩、層層疊疊的海碓雕塑著詩人崢嶸的人生；海水湛藍是因詩人深婉渾厚的宿夢而成。大海洋變成了無格的稿紙，洋洋灑灑，任詩思馳騁。即使有時失落的靈感找不到抛錨的港灣，沒關係！勇敢而多情的海鷗會幫它找尋海岸！全詩構思巧妙，想像奇特，視域開闊，詩情熱情而深沉。

李玉的"**詩觀**"是"**詩是一種愛和力的表現**"。他愛海洋，他更愛像海洋一樣充滿生命偉力的詩人！"**風入寒松聲自古，水歸滄海意皆深**"以此來評述《**詩與海洋**》的深長意蘊是並不過份的。

年表

李　玉，輩字迪為，主後一九二八年，歲次戊辰重陽節生於湖南省武岡縣蓼溪鄉半山李家（現隸屬洞口縣茶鋪鄉）。祖父鍾英公，曾任前清四川蒼溪縣知事多年，客逝任所；祖母楊氏豫人，伯父鹿鳴、父濟美、母袁氏順姣，生我兄妹五人，長兄迪民、次兄迪劍、大妹柏蓮、次妹梅蓮，吾居其中。

一九三六◎八歲啓蒙，先後從堂叔允成、叔祖香谷，讀四書、瓊林、史鑑等，讀書識字。

一九四〇◎十二歲，廢私塾，進保國民小學，師楊澤民。

一九四二◎十五歲入觀瀾小學，二年高小畢業。

一九四三◎十六歲入毓蘭中學，一年後輟學。

一九四五◎經大姐夫蕭調俊介紹，進入洞口平元鄉公所任鄉丁，辦理苗區戶口清查及催征民伕約半年，因志趣不合離職。

一九四七◎十九歲，改單名—玉，農曆二月廿二日離家，於衡陽考入青年軍二零五師。秋，部隊進駐台灣屏東、嘉義、岡山、臺中等地。

一九四九◎進入陸軍第四軍官訓練班軍士隊第七期，接受孫立人將軍之新軍訓練，大陸情勢逆轉，部隊改編為砲兵第十四團。

一九五〇◎三月一日離開部隊，經鄒少卿介紹投入台灣省保安警察第二總隊，派駐北港糖廠。

一九五四◎二十六歲，六月十八日與北港籍陳月霞小姐結婚。

一九五五◎長女慎芬出生。

一九五七 ◎ 克盡職守，獲頒警察獎章。

一九五八 ◎ 三十歲，次女莒光出生。

一九六〇 ◎ 長子慎政出生。

一九六二 ◎ 三十三歲，在職十年以上，成績優良，獲頒警察獎章。

◎ 元月初四父濟美逝世，十二月二六日慈母袁氏順姣逝世。

一九六三 ◎ 次子慎德出生。

◎ 當選模範警察獲頒警察獎章。

一九六四 ◎ 調台南縣車埈糖廠。

一九六六 ◎ 進入台灣省警察學校警員班第二十三期第十九隊受訓，為期一年。

一九六七 ◎ 三十九歲，在警校以第一名畢業，操行成績破創校紀錄高達一百零七分，因在校成績優異，特調派駐高雄加工出口區代理小隊長一職。

一九六九 ◎ 由台南車崁糖廠虎山宿舍遷入高雄市前鎮區崗山仔自宅。

一九七〇 ◎ 勤餘從事寫作投寄「**警光月刊**」發表，多篇曾獲選入「**工作經驗談**」單行本中。

一九七一 ◎ 調金山核能一廠服務，再調回高雄加工出口區。

一九七三 ◎ 警察人員特種考試，行政警察人員乙等考試優等及格。

一九七五 ◎ 調楠梓加工出口區中隊部任辦事員。

◎ 四月六日戒煙，煙齡已三十餘年。

一九八二 ◎ 五十四歲，十二月二十六日，決志信奉基督與妻同時受洗，由基督教信義會崗山教會周茂盛牧師施洗。

一九八四 ◎榮獲加工區文藝徵文賽小說組第一名；詩歌組第二名。

一九八五 ◎榮獲加工區文藝徵文賽小說組佳作；詩歌組第二名；散文組第二名。

◎經高雄市書法學會理事長劉百鈞先生介紹加入青溪新文藝學會。

◎經同事杜志文介紹，加入高雄市攝影協會。

一九八六 ◎榮獲加工出口區文藝徵文賽散文組第一名；小說組第二名。

◎經楊　濤先生介紹，加入中國文藝協會南部分會。

◎榮獲加工區十三屆攝影比賽銅牌。

◎榮獲高雄市攝影學會冬季杯銅牌。

◎榮獲加工出口區十四屆攝影比賽銅牌。

一九八七 ◎十月一日退休。

◎榮獲青溪新文藝金環獎—民俗相聲銅環獎。

◎榮獲第四屆警光藝苑攝影比賽銅牌。

一九八八 ◎榮獲青溪新文藝金環獎—民俗相聲銀環獎。
◎榮獲高雄市觀光節攝影比賽優選。

一九八九 ◎六十一歲，長外孫女安妮出生。
◎榮獲高雄市生命線協會二十週年攝影賽銅牌。
◎榮獲青溪新文藝金環獎—民俗相聲金環獎。
◎榮獲台灣省第一屆金輪獎攝影組佳作。
◎榮獲台灣省第三屆主席杯攝影賽優選。

一九九〇 ◎長孫惠平出生。
◎榮獲加工區文藝徵文賽小說組第一名；詩歌組佳作；散文組佳作。
◎榮獲高雄市社教館舉辦「**美化人生**」攝影賽佳作。
◎榮獲青溪新文藝學會金環獎一民俗相聲銅環獎。
◎榮任高雄市攝影學會會刊主編並當選監事。
◎榮獲加工出口區第十七屆攝影比賽金牌。

一九九一 ◎六十三歲，次孫惠羣出生。
◎榮獲加工出口區文藝徵文賽詩歌組第一名；小說組第二名；散文組第二名。
◎榮獲高雄市文藝學會舉辦—迎向九零年代短篇小說佳。
◎榮獲高雄市政府舉辦「**高雄之美**」攝影賽銀牌。
◎榮獲高雄市攝影學會「**專題攝影比賽**」銅牌。
◎榮獲今日彩色沖印公司舉辦龍舟攝影比賽銅牌。
◎榮獲青溪新文藝金環獎—短篇小說銅環獎。
◎榮獲鳳青攝影學會舉辦歡樂杯攝影賽優選。

一九九二 ◎二月十六日，長子慎政按立為台北市外雙溪基督教浸信會慈光堂牧師。
◎高雄市政府新聞處主辦「**美哉高雄—名家有約**」忝列邀請。
◎當選高雄市青溪新文藝學會理事。

一九九三 ◎次外孫女珍妮出生。

◎文建會暨高雄市文化中心舉辦「**阿里山文藝營**」學員極短篇徵文比賽獲佳作。
◎當選高雄市攝影學會常務監事兼主編。
◎九月十一日 赴大陸探親。

一九九四 ◎榮獲加工出口區文藝徵文比賽小說組第三名。
◎榮獲青溪新文藝金環獎－民俗相聲銅環獎。
◎榮獲國軍新文藝金像獎－民俗相聲佳作。

一九九五 ◎榮獲加工出口區文藝徵文賽小說組第二名。
◎應聘為大高雄時報採訪副主任。
◎當選港都文藝學會首任理事。
◎榮獲青溪新文藝金環獎民俗相聲佳作獎。
◎榮任基督教信義會崗山教會慶祝立會廿週年史料展覽暨編輯組長。

一九九六 ◎五月廿六日 中國文藝協會南部分會監事。
◎六月一日 高雄市青溪文藝學會理事。

◎榮獲加工區第廿屆徵文比賽詩歌組第一名。

一九九七

◎三月廿日至卅一日　赴歐洲旅遊，英國倫敦、比利時布魯塞爾、德國海德堡、荷蘭阿姆斯特丹、瑞士蘇黎世、法國巴黎。

◎五月九日至十二日　金門之旅。

◎六月　加工出口區第廿一屆徵文，榮獲詩歌組第一名。

◎七月卅一日至八月十一日　高雄大海洋詩社應華中師大之邀，訪問三峽學院、荊州師專、西安師大、北京檢察日報，並參觀各地名勝古蹟，及遊覽長江三峽。

◎七月卅一日　次子慎德考取文化大學政研所博士班。

◎十二月　榮獲青溪新文藝民俗相聲銀環獎。

◎十二月　首著『**心弦詩集**』榮獲高雄市文化基金會獎助出版。

◎十二月　蟬聯高雄市文藝協會監事。

一九九八

◎二月　榮獲高雄市青溪新文藝學會頒發『**優秀會員獎**』。

◎三月　再度擔任高雄市攝影學會會刊主編。

◎三月十五日　當選基督教信義會崗山教會第七任長老。

◎四月　參孫惠恩出生。

◎四月　榮列高雄市作家檔案。

◎六月十日　當選高雄市青溪新文藝學會第七任常務理事。

◎七月五日　當選高雄市中國文藝學會首任理事。

◎七月　列『**世界華人文學藝術界名人錄**』第一冊388名。

◎九月廿三日至十月二日　隨高雄市文藝協會應中國作家協會之邀，訪問北京、潘陽、南京、揚州、杭州各地名勝古蹟。

◎十一月　次子慎德、蕙榕夫婦一同受洗歸入耶穌基督名下。

◎十二月『**走過的歲月**』小說集榮獲高雄市文化基金會獎助出版。

◎十二月　獲青溪文藝金環獎—民俗相聲類佳作獎，作品—『**代平洋**』。

◎十二月　攝影作品『**車鼓之舞**』入選八十八年高雄市藝術家聯展。

一九九九　◎三月　詩作『**多放幾把椅子**』獲選入一九九九年版『**中國**

詩歌選集』。

◎六月 長子慎政畢業於中華福音神學院獲聖經碩士學位。

◎八月四日至廿一日 隨大海洋詩社，應『**中國新文藝學會**』之邀，出席在內蒙古海拉爾市召開之第十六屆年會，會後遊歷哈爾濱、烏魯木齊、土魯番、敦煌、北京、承德等地風景名勝。

◎十二月 相聲段子「**中國文化**」，榮獲青溪新文藝學會金鑲獎「**銅環獎**」。

二〇〇〇

◎元月 經大海洋詩社創辦人朱學恕先生之介紹加入「**中國新詩藝術學會**」。

◎四月 次女莒光於復活節在鳳山市五甲教會，由聖光神學教務主任李基宏牧師施洗歸主，完成全家歸主心願，感謝主帶領眷顧。

◎七月 高雄市創意攝影家協會，授予榮譽博學會士榮銜。

◎九月 參加公務人員退休協會組團旅遊澳門、山水甲天下的桂林、灕江、蘆笛岩、冠岩暨荔浦之亞洲第一洞、丰魚岩，山水之美岩洞之妙，難以忘懷，撰寫「**桂林歸來不看畫**」。

◎十一月 應邀赴高雄市廣播電台—海與風的對話—作家專訪。
◎十二月 當選連任高雄市中國文藝學會第二任理事。
◎十二月 相聲段子『**說話難**』榮獲青溪新文藝學會金鑽獎。

二〇〇一

◎二月 當選連任高雄市文藝協會第四任監事。
◎三月 長子慎政榮獲台北市永樂扶輪社頒發「**職業特殊貢獻人員**」獎。
◎四月 就任基督教信義會崗山教會長老。
◎五月 「**履塵**」詩集，經財團法人高雄市文化基金會審查通過，獎助出版。
◎六月 榮膺九十年度經濟部加工出口區區刊優良作者。
◎八月 撰寫「**爸爸之歌**」歌詞，由時傑華老師譜曲並由國風曲藝團暨崗山教會聯合詩班演唱，分別在高雄電台、崗山教會、忠義青溪模範父親表揚大會中演唱播出亦受河南電視台之重視。
◎八月 當選高雄市團管部忠義青溪協會「**模範父親**」並於八月五日接受表揚。

◎八月九日至廿二日　偕同長女慎芬應邀參加在成都召開的中國新文學學會第十八屆學術年會，會後遊覽武侯祠、杜甫草堂、三星堆遺址文物、都江堰、望江樓公園、九寨溝、黃龍、張家界、寶峰湖、黃龍洞等名勝古蹟，飽覽壯麗山河感謝造物主賜予中華之恩典何其大何其美。